글쓴이 스테파니 드로리에

대학에서 교육심리를 전공하고 자폐와 지적 장애 및 일탈 청소년들을 돌보면서 다양한 아동 문제에 접근하고 있다. 2011년부터 기자의 권고로 시작한 블로그(www.ensemblemaintnant.wordpress.com)는 이후 방문객들과 다양한 주제로 대화를 나누는 창이 되었다. 2012년에는 교육심리학자로 방송에 출연하기도 했으며, 월간교육사이트(educatout.com)에 글을 올리고 있다.

옮긴이 김현아

한국외국어대학교 불어과를 졸업하고, 동 대학원에서 석사 학위를 받았다. 전문 번역가로 활동 중이며, 옮긴 책으로 《소원을 들어주는 요정 꼬끼에뜨》《언어 장애가 뭔지 알려 줄게》《시선의 폭력》《북아트를 통한 글쓰기》《이야기 쓰는 법》《반지의 제왕, 혹은 악의 유혹》《그림으로 보는 그리스 로마 신화》 등이 있다.

Laisse-moi t'expliquer…… L'AUTISME
by Stéphanie Deslauriers

World copyright © 2012 Editions Midi Trente
Korean translation copyrights © 2013 Hanulimkids Publishing co.
This Korean edition is published by arrangement with Editions Midi Trente through Ambre Communication Agency and Bookmaru Korea literary agency in Seoul.
All rights reserved.

이 책의 한국어판 저작권은 북마루코리아와 Ambre communication를 통한 Editions Midi Trente와의 독점 계약으로 한울림어린이가 소유합니다. 신저작권법에 의하여 한국 내에서 보호를 받는 저작물이므로 무단 전재와 복제를 금합니다.

자폐가 뭔지 알려 줄게!

스테파니 드로리에 글 · 김현아 옮김
(사)한국자폐인사랑협회 추천 · 감수

한울림스페셜

추천글

 **마음의 문을 활짝 열고 바라봐 주세요!**

　우리는 매일 다양한 사람들과 부딪히며 살아갑니다. 그중에는 선천적이거나 혹은 후천적으로 여러 가지 어려움을 가지고 살아가는 사람들도 있지요. 우리는 이들을 가리켜 '장애인'이라고 부릅니다. 눈으로 사물을 보는 데 어려움을 가지고 있는 사람은 '시각 장애인', 귀로 소리를 듣는 데 어려움을 겪는 사람은 '청각 장애인', 팔다리나 몸을 움직이는 데 어려움이 있는 사람은 '지체 장애인'이라고 부르지요. 이 밖에도 언어 장애인, 안면 장애인, 정신 장애인 등 저마다 겪고 있는 어려움에 따라 부르는 이름도 다양합니다.

　이 책의 주인공 레오는 '자폐'라는 장애를 가지고 있습니다. 자폐를 가진 사람들은 말이나 행동 혹은 가지고 있는 생각을 표현하는 방법이 우리와 조금은 다릅니다. 그래서 자폐를 가진 사람을 피하거나 심지어 놀리고 괴롭히는 경우도 있지요. 지금도 많은 자폐인들이 사회에 나오는 것을 힘들어하고 두려워합니다. 하지만 자폐를 가진 사람들도 우리와 똑같이 추위와 더위, 슬픔과 기쁨을 느끼

고 생각할 줄 아는, 함께 이 세상을 살아가는 존재입니다. 다만 장애 때문에 다른 사람들과 어울리는 방법이나 소통하는 데 곤란을 겪을 뿐이지요. 우리가 조금 더 관심을 가지고 배려하고 도와주어야 하는 것이지요.

  이 책은 자폐가 있는 아이의 특성을 친절하게 설명해 주고 이해를 구합니다. 자폐 아이의 머릿속에서 매일 어떤 일이 일어나고 있는지, 그 일상생활은 우리와 얼마나 다른지, 어떠한 치료와 교육을 받고 있는지, 또 자폐 아이와 어떻게 친구가 되고 도와주어야 하는지 누구보다 알기 쉽게 이야기하고 있습니다.
  이 책을 통하여 많은 아이들이 마음의 문을 활짝 열고 자폐를 가진 친구들을 이해하고 따뜻한 눈으로 바라보았으면 좋겠습니다. 자, 이제 한번 책을 열어 볼까요?

— (사)한국자폐인사랑협회

안녕!
내 이름은 **코랄리**야.
나는 열 살이고,
얼굴에 주근깨가 많아.
머리는 꼬불꼬불한
곱슬머리야.
참! 나는 춤추는 걸 좋아해.

나   내 동생

나한테는 남동생이 한 명 있어. 이름은 **레오**야.
레오는 나하고 아주 많이 닮았어. 하지만 우리는
서로 많이 다르기도 해. 레오에게는 자폐가 있거든.

자폐가 뭔지 모른다고?

자폐는 다른 **사람과 말을 주고받거나**,
사람을 **사귀는 능력이 부족하고**,
특별히 관심을 갖는 것에만 집중하는 특성이 있어.
자폐 아이들의 뇌는 좀 다른 방식으로
움직인다고 생각하면 될 거야.

무슨 말인지 알아듣기 힘들다고?
내가 차근차근 알려 줄게.

레오에게 자폐가 있다는 말을 처음 들었을 때 나는 시간이 흐르면 자폐가 없어지는지 궁금했어. 엄마 아빠는 아니라고 말했어.

자폐는 없어지는 게 아니야.

나는 엄마 아빠에게 다른 것도 물어봤어. 자폐에 대해 좀 더 확실하게 알고 싶었거든. 먼저 자폐가 **전염**되는 거냐고 물었는데 아니라고 대답해서 안심이 되었어. 그리고 레오가 어쩌다가 자폐를 가지게 되었는지도 궁금했어.

사실 레오는 처음부터 자폐를 가지고 태어났어. 그 원인은 아직 확실하게 밝혀지지 않았대. 여러 경우가 있을 수 있는데, 그중에서 **유전적인 원인**이 있다는 사실만 알려졌어. 이게 무슨 말이냐고? 엄마 아빠 가운데 한 사람 혹은 두 사람 모두의 세포 속에 있는 기억 장치에 문제가 생겨서 아이한테 자폐가 나타난다는 거야.

유전은 세포가 기억하고 있다는 말하고 같아. 아이는 부모의 세포가 기억하고 있는 것을 그대로 물려받는데, 이 기억에 실수가 생기거나, 기억이 조금 바뀔 수도 있어. 아이가 엄마 배 속에 있을 때 잘못된 기억이 전해지는 거지.

그런데 요즘 **자폐 아이들이 점점 더 많아지고 있대.** 최근 미국 질병통제예방센터의 조사에 따르면

88명 가운데 1명

정도의 아이들이 자폐아라는 거야. 그리고 **남자아이**가 **여자아이**보다 4배나 더 많대. 왜 이렇게 남자아이한테서 자폐가 더 많이 나타나는지는 아직 잘 몰라.

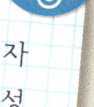

자폐 스펙트럼 장애는 레오처럼 자폐가 있거나 앞에서 말한 세 가지 특성(다른 사람과 말을 주고받거나 사람을 사귀는 능력이 부족하고, 특별히 관심을 갖는 것에만 집중하는)과 비슷한 장애를 가지고 있는 사람들을 모두 일컫는 말이야. 마치 햇빛이 프리즘을 통과하면 여러 빛깔의 띠가 나타나는 것처럼(이 띠를 '스펙트럼'이라고 불러.) 자폐 스펙트럼 장애도 다양하다는 의미야.

'레오는 자신을 둘러싸고 있는 세상을 어떻게 느끼고, 어떻다고 생각할까?' 나는 아주 오랫동안 생각해 봤어. 그리고 내 동생이 행복한지 궁금했어. 레오는 자주 울거든. 엄마 아빠는 우리가 전혀 알아들을 수 없는 말을 하는 나라에 가 있는 거랑 비슷한 느낌일 거래. 
사람들이 하는 말을 한 마디도 알아듣지 못하고, 내가 아무리 열심히 설명해도 사람들이 내 말을 알아듣지 못할 테니까 얼마나 답답하겠어. 아빠는 내가 직접 느낄 수 있게 전혀 알아들을 수 없는 이상한 말로 나에게 질문하기 시작했어. 그러니까 동생이 어떤 느낌인지 훨씬 이해하기 쉬웠어.

한번은 엄마 아빠에게 레오가 나를 알아보는지 물어본 적이 있어. 나를 잘 쳐다보지 않거든. "당연히 알아보지. 하지만 레오는 네 얼굴이 너무 복잡하다고 생각한단다." 엄마는 이렇게 말했어.

거울에 얼굴을 대고 들여다봤어. 우리 **얼굴에는 뭐가 아주 많아.** 눈도 있고, 코도 있고, 입도 있고, 눈썹도 있고, 속눈썹도 있고, 점도 있고, 울퉁불퉁한 여드름도 있고, 불그스레한 뺨도 있고, 입술도 있어. 심지어 이 모든 게 늘 움직여! 그리고 움직일 때마다 내가 지금 어떤 기분인지 알려 주지. 예를 들어 지금 기분이 좋은지 화가 났는지 나타내 준다는 말이야.

우리에게는 이런 얼굴이 여러 정보가 담겨 있는 그림을 보는 것하고 같을 거야. 하지만 레오에게는 **마치 전혀 모르는 기호가 들어간 아주 어려운 수학 문제나 아주 복잡한 숨은그림을 보는 것하고 같다는 거야.** 이때는 우리도 아마 어렵고 **복잡해서 제대로 집중을 할 수가 없을 거야.**

자폐가 있는 사람들은

다른 사람과 말을 주고받는 것이 어려워.

레오는 **긴 문장**을 이해하지 못해. **부정문**을 이해하는 것도 어려워. 예를 들어 "레오, 뛰어다니지 마라." 하고 말하면 레오의 뇌는 **"마라"**라는 말을 이해하지 못해. 머릿속에 떠올리지도 못할뿐더러 뛰지 않고 무엇을 해야 하는지도 몰라. 결국 레오는 더 열심히 뛸 거야. 이때는 "레오, 걸어야지." 하고 말하는 편이 훨씬 좋아.

**말투나 억양,
눈빛,
몸짓**

을 이해하는 것도 레오에게는 어려운 일이야.
예를 들어 내가 동생을 보고 웃을 때
자기도 나를 보고 웃어 주어야 한다는 사실을 레오는 몰라.
레오는 입술이 위로 벌어지는 모양만 봐.
얼굴 표정에 담긴 감정은 전혀 이해하지 못하는 거야.

기쁨

우리 집에서 동생을 위해 바꾼 게 몇 가지 있어. 우리는 레오에게 오늘 하루 무슨 일이 있을지 알려 주기 위해 그림 일정표 를 만들었어. 만약에 엄마가 나한테 하루 일정을 이야기하면 나는 그게 무슨 말인지 다 이해하고 기억할 거야. 하지만 레오는 그렇지 않아. 그리고 나는 오늘 하루 일정을 정확하게 몰라도 아무렇지 않아. 내가 하루 일정을 모른다고 태양 주위를 돌던 지구가 멈추어 서지는 않을 테니까.

하지만 레오는 오늘 하루 무슨 일이 있을지 알지 못하면 불안해서 어쩔 줄을 몰라. 그럴 때면 소리를 지르거나 울곤 해. 심지어 자기 몸에 상처를 낼 때도 있어.

불안하다는 것은 마음이 편하지 않고, 걱정이 많고, 안전하지 않다고 느끼는 거야. 사실 누구나 위험한 상황에 빠졌다고 느끼면 불안해져. 그런데 동생은 우리가 걱정스럽고 위험하다고 생각하지 않는 상황에서도 자주 불안을 느끼는 것 같아.

그림 일정표를 만들라고 알려 준 사람은 **언어치료 선생님**이야. 선생님은 레오를 만나서 여러 가지 **검사**를 했어. 동생이 어떤 것을 이해하고, 어떤 것을 이해하지 못하는지 알기 위해 엄마 아빠와 이야기도 나누었지. 선생님이 알려 준 여러 **방법** 덕분에 우리는 레오를 더 잘 이해할 수 있게 되었어.

> **언어치료사**는 다른 사람과 말을 주고받는 데 어려움을 겪는 사람들을 검사하고, 평가하고, 치료하는 사람이야. 레오 같은 아이와 가족에게 서로 말을 주고받는 방법을 알려 주지. 언어치료사가 알려 준 방법대로 하면 서로 말을 할 때 조금 덜 어려울 수 있어.

특정한 것에만 관심을 갖는 특성이 있어.

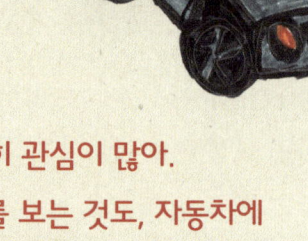

내 동생 레오는 자동차에 유난히 관심이 많아. 그래서 자동차가 나오는 영화를 보는 것도, 자동차에 관한 책을 읽는 것도, 장난감 자동차를 가지고 노는 것도 다 좋아하지.

이렇게 특별히 관심을 갖는 것에만 집중하는 건 지금까지 해 본 적이 없는 활동을 해야 할 때 두려움을 느끼기 때문이래. 레오는 다른 장난감을 가지고 즐겁게 놀 수 있다는 건 상상도 못해. 못 보던 장난감이 있으면 가지고 놀지 않고 망설이기만 해.

자폐 아이 중에는 음악을 특별히 좋아하는 아이도 있고, 둥그런 것은 무조건 좋아하는 아이도 있어. 또 공주를 좋아하는 아이가 있는가 하면, 굴러 가는 것을 좋아하는 아이도 있지. 특히 굴러 가는 것을 좋아하는 아이들은 천장에 달린 선풍기, 자동차나 자전거 바퀴, 축구공이나 야구공 같은 것들을 좋아해.

레오는 자동차에만 관심을 집중하고 다른 중요한 것에는 전혀 관심을 보이지 않아. 그래서 엄마 아빠는 동생이 자동차와 관련된 것으로 다양한 활동을 할 수 있도록 노력하고 있어. 며칠 전부터 레오는 퍼즐과 색칠 놀이를 하기 시작했어.

이렇게 하라고 말을 해 준 사람은 심리 상담 선생님이야. 선생님은 우리 가족이 레오의 심리 상태를 잘 파악하고 도와줄 수 있도록 좋은 방법을 알려 주고 있어.

심리 상담사는 적응에 어려움을 겪는 사람들과 상담하고, 심리 검사나 상담 프로그램 등을 활용해 어려움을 극복할 수 있도록 여러 가지 조언을 해 주는 전문가야. 예를 들어 자폐 아이의 경우에는 특정한 것 외에 다른 활동에도 관심을 가질 수 있도록 하거나, 좀 더 사람들과 잘 사귈 수 있도록 돕는 일을 하지.

이따금 나는 레오한테 공룡을 가지고 함께 놀자고 해.

자폐 아이들 중에는 자기 몸에 상처를 내는 아이도 있어. 자기 몸을 **물거나**, 아주 세게 **찌르거나**, 또는 자기 엉덩이를 **때리기도** 하지.

특히 **불안할 때** 이런 행동을 많이 하는데, 자폐 아이들은 불안할 때가 아주 많아. 자기 마음을 자기가 잘 몰라서 불안하고, 주변에서 일어나는 일을 이해하지 못해서 불안하지. 또 아주 작은 소리나 이미지가 자기를 공격한다고 느껴서 불안하고, 사람들이 자기에게 뭘 바라는지 몰라서 불안하고, 자기를 이해해 주지 않는 것 같아서 불안하지.

내 동생 레오는 불안할 때 자기 팔뚝을 물어뜯어. 자기 몸을 더 잘 느끼기 위해서 그러는 거래. 그럼 폭발할 것 같은 감정이 좀 누그러지나 봐. 가끔은 우리에게 '**아니야.**'라고 말하고 싶어서 자기 몸을 물어뜯을 때도 있어.

우리는 동생이 불안해 하는 모습을 보이면 왜 그러는지 원인을 찾아 없애 주려고 노력해. 작은 목소리로 말하고, 불도 꺼 주고, 혼자 있게 해 주기도 하지.

레오는 불안하다고 느끼면 짧게 소리를 지르거나, 한숨을 내쉬거나, 방 안에서 제자리를 뱅글뱅글 돌아.

이 방법을 알려 준 사람은 **작업치료사** 선생님이야. 선생님은 레오를 더 잘 이해하기 위해 놀이치료실에서 여러 가지 **활동**을 시켜 봤어. 또 레오가 뭘 원하는지 정확하게 알기 위해 엄마 아빠와 이야기도 나누었어. 그래야 레오가 **일상생활에서나 학교생활에서 잘 적응할 수 있도록** 도와줄 수 있거든.

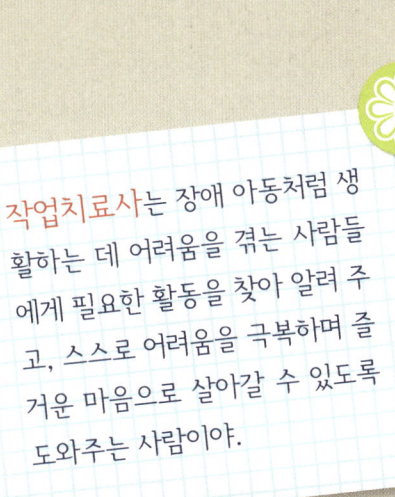

작업치료사는 장애 아동처럼 생활하는 데 어려움을 겪는 사람들에게 필요한 활동을 찾아 알려 주고, 스스로 어려움을 극복하며 즐거운 마음으로 살아갈 수 있도록 도와주는 사람이야.

엄마 아빠는 동생과 함께 장을 보러 마트에 갈 때면 동생이 *좋아하는 물건* 하나를 반드시 가지고 가게 해. 그럼 레오는 그 물건에 집중하느라 *다른 자극에 신경을 덜 쓰게 되거든.* 마트에서 들리는 소리와 움직임, 소란들 말이야. 레오에게는 마트에 있는 아주 작고 세세한 것까지 모두 보이고, 작은 소리도 들리기 때문에 그곳에 있는 게 힘들어. 마트 안에서 보이고, 들리고, 느껴지는, 이 모든 것을 한번 상상해 봐.

레오는 좋아하는 자동차를 늘 가지고 다녀.

그야말로 자극이 회오리바람처럼 몰려오는 것 같을 거야!

사람들이 많은 곳에 있을 때 레오가 어떻게 느끼는지 알아보기 위해 부모님과 실험을 해 보았어. 아빠는 텔레비전과 라디오, 진공청소기 소리를 제일 크게 켜 놓고 나에게 말을 걸었어. 나는 아빠의 말을 하나도 알아들을 수가 없었어. 무슨 말인지 전혀 들리지도 않고, 알아들을 수도 없으니까 화가 났어.

레오의 뇌는 모든 소리와 움직임을 똑같이 중요하게 받아들이기 때문에 항상 이런 느낌이라는 거야. 레오의 귀에는 우리에게 잘 들리지 않는 소리까지 다 똑같이 크게 들려. 우리 눈에 잘 띄지 않는 작은 움직임도 레오 눈에는 다 보인다니까.

물론 나는 동생을
아주 많이 사랑하지만 가끔
**동생이 자폐인 게
싫어!**

우리 가족은 레오 때문에 하고 싶은 일을 못할 때가 있어. 외식을 하러 나갔다가도 동생이 소리를 지르면 그냥 돌아와. 가족끼리 영화관에도 갈 수가 없어. 소리에 민감한 레오는 영화관 스피커에서 나오는 소리를 참기 힘들거든.

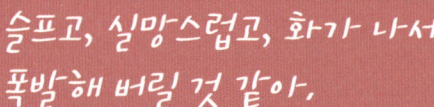

**슬프고, 실망스럽고, 화가 나서
폭발해 버릴 것 같아.**

동생과 내가 똑같은 잘못을 저질렀는데도 레오는 나처럼 야단을 맞지 않을 때가 있어. 나는 이게 정말 **불공평하다**고 생각해서 엄마 아빠에게 말했어. 레오가 나랑 같은 아이였으면 좋겠다는 말도 했었어.

엄마 아빠는 내 마음을 잘 이해해 주었어. 그래서 하루에 한 번 엄마 아빠가 번갈아 나하고 짧은 시간이라도 함께 보내기로 했어. 나는 이야기를 아주 좋아해서 잠자기 전에 엄마 아빠랑 같이 책을 읽기로 했어. 또 장애아 가족 휴식 지원 서비스를 이용할 때면 동생이 집에 없는 동안 나는 엄마 아빠와 무엇을 할지 계획을 세워. 나는 부모님과 함께 수영하기, 스케이트 타기, 도서관에 가기, 공원 산책하기, 미끄럼 타기, 게임하기, 영화 보기, 내가 원하는 건 뭐든지 할 수 있어.

장애아 가족 휴식 지원 서비스는 가족이 장애 아동을 돌보는 일에서 잠시 벗어나 편히 쉴 수 있도록 도와주는 제도야. 이때 레오는 자기를 잘 이해해 주는 사람들이랑 함께 지내. 우리는 동생을 아침에 데려다 주고, 저녁 먹기 전에 집으로 데려와.

너는 엄마 아빠랑 같이 뭘 하고 싶니?

25

나도 2주에 한 번 **특별한 모임**에 나가. 레오가 다니는 센터에서 자폐 형제자매를 둔 다른 아이들과 만나는 거야. 우리 모둠은 모두 다섯 명이야. 마테오는 열두 살 된 형이 자폐고, 미아는 오빠 둘이 자폐야. 클로에는 쌍둥이 언니가 자폐고, 벵자멩은 남동생이 자폐야. 우리 모둠을 이끄는 사람은 줄리 선생님이야. 선생님은 정말 훌륭한 분이야.

선생님은 우리 마음을 잘 알아줘. 여러 가지 **놀이**를 가르쳐 주기도 하고, 우리에게 이런저런 **질문**을 하기도 해. 또 우리가 즐겁게 놀 수 있도록 이끌어 주고, 제대로 이해하기 어려운 자폐의 여러 특성에 대해서도 알기 쉽게 **설명**해 주지. 나는 모둠 아이들과 친구가 되었어. 내 생일 파티에 초대하기도 했지. 마테오하고는 가끔 공원에서 만나 놀기도 해.

> 나는 외롭지 않아.
> 나를 이해해 주는 사람들이
> 있다는 생각을 하면
> 기분이 좋아져.

 줄리 선생님은 항상 이렇게 물어봐.
"오늘 기분 어떠니?"
"언니나 오빠, 동생 때문에
기분 나쁜 일 없었니?"
"좋은 일 있었던 사람?"
"넌 화가 날 때 어떻게 하니?"

자폐 아이들 중에는 우리랑 **같은 학교**에 다니는 아이들도 있어. **보조 선생님**이 도와주거든. **보조 선생님은 장애가 있는 아이들이 수업 내용을 이해하고 따라할 수 있도록 곁에서 도와주는 선생님이야.** 또 도움반이라는 **특수학급**이 있어서 몇몇 수업은 여기로 가서 받아. 그런데 어떤 자폐 아이들은 장애 아이들을 위한 **특수학교**에 다니기도 해.

레오는 나랑 같은 학교에 다녀. 비장애 아이들과 어울리면서 **통합교육**을 받고 있는 거야.

레오도 나처럼 수학과 국어를 배우고 있어.

예를 들어 수학 시간에는 탁자 위에 놓인 물건의 수를 세거나, 물건들을 모양이나 색깔에 따라 분류해. 또 국어 시간에는 점선을 따라 글자를 쓰거나 글자 찾기 놀이를 하지. 선생님이 "레오, ㄱ을 찾아봐!"라고 하면 플라스틱 글자 중에서 'ㄱ'을 찾아 선생님 손에다 놓는 거야.

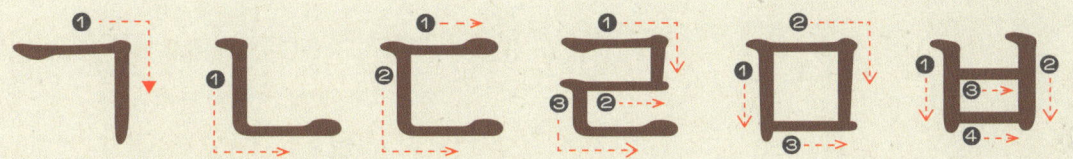

레오의 책상은 벽을 향해 놓여 있어. 반 친구들의 움직임이나 소리가 레오한테 방해되지 않도록 그렇게 한 거야. 교실에도 집에 있는 것과 같은 그림 일정표가 있어. 레오에게는 담임 선생님도 있고, 보조 선생님도 있어.

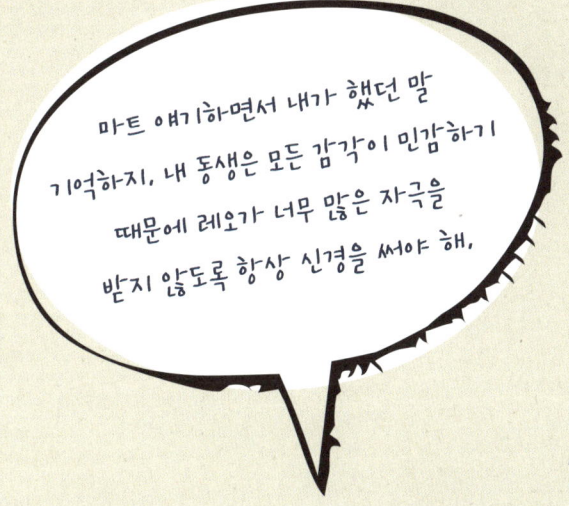

마트 얘기하면서 내가 했던 말 기억하지, 내 동생은 모든 감각이 민감하기 때문에 레오가 너무 많은 자극을 받지 않도록 항상 신경을 써야 해.

처음 레오가 학교에 다니기 시작했을 때 나는 친구들이
나를 놀리지 않을까 걱정했어. 사실은 친구들이
레오를 놀리는 게 더 두려웠어. 나는 엄마 아빠와 함께
반 친구들에게 자폐에 대해 알려 줄 이야기를 준비했어.
그리고 친구들 앞에서 자폐가 무엇인지 알기 쉽게 예를 들어 가면서
설명했지. 친구들은 정말로 잘 알아듣고 이해해 주었어.
선생님도 자폐에 대해서 공부를 했는지 생각지도 못한 일이
갑자기 일어났을 때 어떻게 행동해야 하는지 알려 주었어.
친구들은 레오를 전혀 놀리지 않았어.
오히려 레오가 귀엽다고 말하는 친구도 있었어.

내가 봐도
레오는 정말
귀엽게 생겼어...

엄마 아빠는 할아버지와 할머니에게도 자폐가 무엇인지 설명했어. 자폐에 대해 이해하기 힘들어했거든. 할아버지 할머니는 레오를 보면 불편해 했어. 어떻게 말을 걸어야 하는지, 어떻게 놀아 주어야 하는지 잘 몰랐던 거야. 설명을 듣고 나서 할아버지 할머니는 아주 편안한 얼굴이 되었어. 레오를 이해하게 되었거든. 할아버지와 할머니는 이제 레오를 봐도 편하게 늘 하던 대로 똑같이 행동해!

이제 우리 가족은 레오가 없는 삶을 상상할 수 없어. 레오는 우리 가족에게 **소중한 존재**야.

물론 자폐 동생을 둔 누나로 산다는 게 평범한 일은 아니야.
동생과 보내는 나의 하루는 내 친구들이 보내는 하루하곤 아주 다르니까.
매일 우리 집에서 어떤 일이 일어나는지 궁금하지?
내가 살짝 보여 줄게.

▶ 엄마가 나한테 침대를 정리하라고 하면 나는 엄마가 무슨 말을 하는지 알아들어. 엄마 말이 귀에 잘 들어오거든. 침대를 정리하고 싶은 마음이 없어도 말이야. 하지만 레오는 **그 말이 무슨 말인지 이해하지 못하거나** 혼자서 침대를 정리할 줄 몰라. 심지어 왜 자기 침대를 정리해야 하는지 그 이유도 몰라.

나도 가끔 엄마 말을 못 알아듣는 척해. 침대를 정리하는 일은 너무 귀찮으니까.

▼ 아침에 나는 거울에 비친 내 얼굴을 보면서 머리를 빗어. 하지만 레오는 **거울에 비친 자기 모습을 보지 않아**. 어쩌다 거울을 본다고 해도 자기 얼굴이 아니라 거울에 비치는 빛을 봐. 레오는 빛을 아주 좋아하거든. 눈앞에서 여러 빛깔이 춤추는 것 같은가 봐.

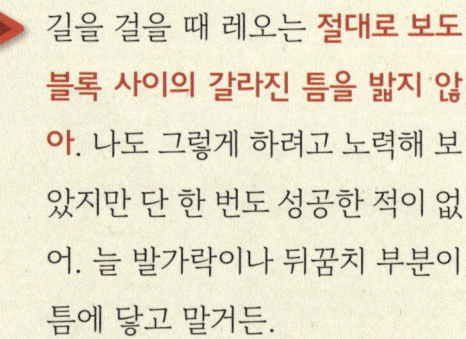

▶ 길을 걸을 때 레오는 **절대로 보도블록 사이의 갈라진 틈을 밟지 않아**. 나도 그렇게 하려고 노력해 보았지만 단 한 번도 성공한 적이 없어. 늘 발가락이나 뒤꿈치 부분이 틈에 닿고 말거든.

▼ 나는 신발을 신을 때 엄마한테 신발 끈 묶는 걸 도와 달라고 해. 레오도 엄마가 신발 끈을 묶어 주어야 해. 하지만 레오는 반드시 왼쪽 신발부터 신고, 오른쪽 신발을 신은 다음에야 엄마가 신발 끈 묶는 걸 도와줄 수 있어. 동생이 하는 행동을 보면 **신발 신는 방법은 세상에 딱 하나밖에 없는 것 같아**. 그 순서나 방법을 조금만 바꾸어도 레오는 전혀 다른 걸 하고 있다고 생각하거든.

아빠가 진공청소기를 돌릴 때 나는 그 소리가 크게 거슬리지 않아. 하지만 레오는 청소기 소리를 견딜 수 없어. 심지어 **그 소리가 왜 귀에 들리는지도 이해하지 못해**. 동생은 청소기를 멈추라고 울고불고 소리를 질러. 그럴 때 보면 동생은 마치 지진이라도 난 것처럼 불안하고 다급해 보여. ▶

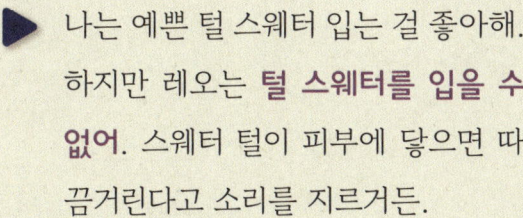

▶ 나는 예쁜 털 스웨터 입는 걸 좋아해. 하지만 레오는 **털 스웨터를 입을 수 없어**. 스웨터 털이 피부에 닿으면 따끔거린다고 소리를 지르거든.

자폐 아이들 중에는 **감각이 무척 민감한** 아이들이 있어. 소리나 냄새, 감촉에 예민한 반응을 보이는 거야. 레오도 피부 감각이 아주 예민해서 양털로 짠 옷 한 올 한 올이 마치 작은 가시가 되어 피부를 찔러 대는 것처럼 느끼는 거야.

아빠가 식사를 준비할 때가 있어. 나는 아빠가 만들어 준 음식은 다 맛있어. 양상추랑 당근은 싫어하지만 건강에 좋다는 걸 알고 있으니까 먹어. 하지만 레오는 싫어하는 음식을 절대 먹지 않아. 일부러 그러는 건 아니래. 레오는 음식이 너무 뜨겁거나 차갑거나, 또는 너무 딱딱하거나 묽다고 느낄 뿐이야.

동생의 혀나 입이나 뇌가 그 음식을 좋아하지 않는 거야. 마음에 들지 않는 음식을 먹으면 레오는 정말로 웩웩하고 구역질을 하거든.

자폐 아이들은 감각이 정말 민감하기 때문에 음식을 씹을 때 특별히 느낌이 이상할 수 있고, 싫어하는 음식의 온도도 있어.

레오는 저녁에 잠자리에서 힘들 때가 많아. 쉽게 잠들지 못하거든. 가끔 동생이 침대에 누워서 입으로 계속 소리를 낼 때가 있어. 그럴 때는 나까지 잠을 잘 수가 없어. 엄마 아빠는 동생을 위해서 **저녁 시간표**를 만들었어.

레오와 내가 저녁 시간을 어떻게 보내는지 알려 줄게. 우리는 학교에서 돌아오면 먼저 하고 싶은 일을 하면서 시간을 보내. 그런 다음 저녁을 먹고 샤워를 해. 그리고 우리 방에 들어가 조용히 각자 한 가지씩 할 일을 정해서 하는 거야. 잠잘 시간이 되면 엄마나 아빠가 우리 방으로 들어와. 먼저 동생을 위해 방의 온도가 20도를 넘지는 않은지 꼭 확인을 하고 난 뒤 불을 끄지. 그러고 나서 동생에게 이불을 덮어 준 다음 문을 닫고 나가.

우리 가족은 일정하게 되풀이되는 시간표가 생기니까 저녁 시간이 훨씬 평온해지고, 레오도 훨씬 쉽게 잠들 수 있게 되었어.

동생은 묵직하게 눌리는 느낌을 좋아해.
그래서 아빠가 할아버지 집에서 두툼한 솜이불을 가져왔어.
솜이불은 아주 무거워서 동생한테는 안성맞춤이거든.

동생하고 노는 게 즐거울 때도 있어. 하지만 동생이 늘 나랑 놀려고 하는 것은 아니야. 누군가와 계속 함께 있는 게 레오에게 쉬운 일은 아니니까. 엄마 아빠는 레오가

자기만의 공기 방울 안에

있는 것을 좋아해서 그렇대.
레오가 자기 주변에서 일어나는 일에 대해 신경 쓰는 건 확실해. 하지만 동생의 얼굴을 봐서는 그 티가 전혀 나지 않기 때문에 우리는 레오가 신경 쓰고 있다는 사실을 전혀 알아채지 못해.

나는 동생을 더 잘 이해하기 위해 엄마 아빠와 독특한 놀이를 해 봤어. 바닥에 훌라후프를 놓고 내가 그 안에 들어가 앉는 거야. 그런 다음에 엄마, 아빠, 친구들이 훌라후프 안으로 들어오는 거지. 그러자 나는 사람들이 너무 가까이 있다고 느꼈어. 어서 빨리 흩어져서 내 자리가 생겼으면 좋겠다는 생각도 들었어. 레오가 바로 이런 느낌을 갖는다는 거야. 하지만 항상 그런 건 아니야. 그리고 사람들이 좀 더 멀리 떨어져 있는데도 레오는 나와 똑같은 기분을 느낄 때가 있어.

가끔 나는 혼자 있고 싶을 때가 있어, 나도 나만의 공기 방울 안에 있는 걸 좋아해.

동생이랑 놀 때면
나는 장난감 자동차들을
꺼내고, 다리와 도로를
만들어. 동생은 멀찌감치 가서
자동차를 굴리면서 돌아가는
바퀴를 바라보지. 굴리고 바퀴를 보고,
또 굴리고 바퀴를 보고, 계속해서 되풀이해.

레오는 이렇게 어떤 물건의 아주 작은 부분에 집중해.
동생의 머릿속에서는 어떤 물건의 전체가 한꺼번에 나타나는 게 아니야.
우리는 자동차 전체를 보지만, 레오는 우리 눈에 띄지도 않는 아주아주 작은 부분을 봐.

동생은 자동차들을 길게 줄 세워 놓고 즐거워하기도 해. 내가 만든 길이나 다리에는 아직 관심을 보이지 않아. **레오가 나랑 놀기는 하지만 정말로 같이 즐거워하거나, 이야기하면서 노는 건 아니야. 그냥 내 옆에서 논다고 말하는 게 맞을 거야.**

레오는 말을 많이 하지 않아. '안녕'이라는 말도 하지 않아. 그래서 동생이 말을 못한다거나 듣지 못한다고 생각하는 사람들도 있어

레오는 나비를 보면 '**나나나나비**'라고 말해. 그 모습을 보면 나는 웃음이 나와. 어떤 때는 나비가 날아가는 모습을 흉내 내기도 해. 꼭 춤추는 것 같다니까. 그럼 나도 동생을 따라 해. 우리 둘이 같이 춤을 추는 거야.

우리 집에 놀러 온 친구들은 내 동생이 다르다고 말해. 그럼 나는 친구들에게 레오가 내 동생이어서 행운이라고 말하지. 우리 모두 조금씩 다르다는 사실을 알게 되었고, 동생이 어떻게 세상을 보는지 조금이라도 더 이해하려고 노력하고 있으니까. **내 동생과 나는 서로 많이 사랑하고 있어. 물론 사랑을 표현하는 방식은** 아주 많이 다르지만 말이야.

사실 깊이 생각해 보면 우리는 레오가 다른 사람들과 똑같다는 걸 알고 있어. 다른 사람들과 똑같이 세상에 단 하나뿐인 존재라는 사실 말이야.

안녕!

내 이름은 **레오**야.

나는 여덟 살이고, **자폐가 있어**.
자폐가 뭔지는 앞에서
우리 누나가 잘 설명해 주었지?
내 뇌가 좀 다른 방식으로 움직이기는
하지만 나 역시 그냥 아이일 뿐이야.

나도 너희랑 어울려 지내면서 **친구**가
될 수 있다는 걸 알아주었으면 좋겠어.
우리 누나 말처럼 나는
말을 많이 하지는 않지만
꼭 들려주고 싶은 이야기가 있어.
그럼 지금부터 들어 볼래?

레오가 친구들에게 꼭 들려주고 싶은
열 가지 이야기

 레오가 꼭 들려주고 싶은 열 가지 이야기

1 **자폐는 내가 가진 다양한 개성 가운데 하나일 뿐이야**
사람들은 저마다 자기의 생각과 감정, 그리고 재능을 가지고 있어. 생김새도 다르지. 뚱뚱한가? 안경을 썼나? 운동을 잘 못하나? 이런 것들이 어떤 사람의 모든 것을 말해주는 것은 아니잖아? 게다가 나는 어리니까 아직 많은 가능성이 있어. 앞으로 내가 어떤 능력을 갖추게 될지는 아무도 몰라. 하나의 특성만 가지고 나에 대해 판단한다면 많은 걸 놓칠 수 있어.

2 **나는 말을 글자 그대로 받아들여**
"눈 좀 붙여!" 이렇게 말하면 안 돼. 잠을 자라는 뜻으로 하는 말이겠지만 난 무슨 뜻인지 몰라 어리둥절할 거야. "그건 식은 죽 먹기야." 이런 말도 마찬가지야. 이 말을 들으면 나는 죽이 어디 있는지, 왜 죽을 먹으라는 건지 어리둥절할 거야. 넌지시 하는 말, 비꼬는 말도 나와 이야기를 나눌 때 전혀 도움이 되지 않아.

3 나한테는 말보다 직접 보여 주는 게 좋아

나에게 어떤 놀이를 가르쳐 주려면 말로 설명하기보다 직접 하는 방법을 보여 주는 게 좋아. 여러 번 반복해서 보여 주면 배우기 훨씬 쉬울 테니까 더더욱 좋고. 내가 보고 알 수 있게 그림 일정표를 만들어 주면 하루 생활을 하는 데 큰 도움이 될 거야. 다음에 할 일이 무엇인지 보고 알아서 준비할 수도 있으니까. 내가 글을 읽을 수 있기 전까지는 사진이나 간단한 그림으로 된 그림 일정표가 좋을 거야.

4 '하지 않는 것'과 '할 수 없는 것'은 달라

나는 사람들의 말을 일부러 듣지 않는 게 아니야. 난 단지 말을 이해할 수 없을 뿐이야. 네가 방 건너편에서 무슨 말을 하면 내게는 "☆&^%$#@#$%^☆&" 이렇게 들려. 그러니 반드시 나한테 직접 와서 알기 쉽게 설명해 줘. 그럼 나한테 바라는 것이 무엇인지, 다음에 내가 해야 할 일이 무엇인지 제대로 알아들을 수 있을 거야.

5 내 몸짓에 주의를 기울여 줘

나는 지금 나한테 필요한 게 뭔지, 내 감정을 어떻게 표현해야 할지, 내 생각을 전하기가 어려워. 배가 고파서 짜증이 났거나, 깜짝 놀랐거나, 당황했을 수도 있어. 하지만 당장은 그런 느낌을 말로 표현하기 힘들어. 그러니 흥분했거나, 움츠러들었거나, 당황한 것 같은 내 몸짓에 주의를 기울여 줘.

6 내가 '할 수 없는 것'보다 '할 수 있는 것'에 관심을 가져 줘

주위에 나를 능력이 부족하다거나 고쳐야 할 점이 많은 아이라고 생각하게 만드는 분위기가 있어. 이런 분위기에서 내가 무엇을 열심히 할 수 있겠어. 무얼 해도 좋은 말은 듣지 못할 걸 뻔히 아는데 어느 누가 하고 싶은 마음이 생기겠어. 내가 할 수 없는 것보다 할 수 있는 것에 관심을 갖고 격려해 줘. 그럼 나도 잘할 수 있는 게 아주 많단다. 어떤 일을 하는 데 한 가지 방법만 있는 건 아니잖아.

7 나하고 친구가 되어 줘

내가 다른 아이들과 놀고 싶지 않아서 운동장 구석에 혼자 있는 건 아니야. 아이들에게 다가가 말을 걸고 놀이에 끼어드는 방법을 모르기 때문이야. 나도 시작과 끝이 확실하게 정해진 놀이를 할 때는 최선을 다해. 혹시 축구나 발야구 같은 놀이를 할 때 나에게 같이 하자고 얘기해 줘. 함께 놀 수 있다면 나는 정말 행복할 거야.

8 진짜 내 친구라면 나를 도와줘

나는 다른 사람의 얼굴 표정이나 몸짓, 감정을 읽을 줄 몰라. 그래서 사람들의 기분을 상하게 하거나 당황스러운 일이 생기기도 하지. 한번은 내 짝꿍이 미끄러져서 넘어진 걸 보고 웃음을 터뜨린 적이 있어. 재미있어서 웃은 게 아니야. 어떻게 반응해야 하는지 몰라서 그런 거야. 그럴 땐 "괜찮니?"라고 물어보면 된다고 말해 줘. 이런 도움을 주는 친구에게 난 고마움을 느껴.

9 내가 가끔 폭발할 때는 이유가 있어

가끔 내 감정이 갑자기 폭발해 버릴 때가 있어. 잘 모르는 사람들은 내가 함부로 짜증을 부리거나 벌컥 화를 낸다고 쉽게 말해. 하지만 이럴 때 나는 굉장히 힘들고 무서워. 내가 이런 모습을 보이는 경우는 말로 표현하지 못하는 걸 행동으로 보이는 거래. 몸이 아프거나, 음식에 대한 알레르기, 또는 잠을 못 자서 그럴 수도 있어. 나도 내가 폭발하는 원인을 알고 싶어. 더 이상 감정 폭발을 일으키고 싶지 않거든.

10 나를 지금 있는 그대로 바라봐 줘

'쟤는 왜 저걸 하지 못할까?' 이런 생각은 하지 않았으면 좋겠어. 누구도 다 잘할 수는 없잖아? 그리고 내가 자폐를 선택한 것도 아니잖아. 물론 내가 다른 사람과 눈을 맞추거나 대화를 하는 데 서툴기는 해. 그렇지만 거짓말을 하거나, 놀이를 할 때 친구들을 속이지 않아. 또 친구들의 일을 고자질하거나 다른 사람들에 대해 이러쿵저러쿵 평가하지도 않아. 나는 굉장히 세세한 것에도 주의를 기울일 줄 알고 뛰어난 집중력을 가졌어. 앞으로 내가 어떤 어른으로 자랄지는 아무도 모르잖아? 지금 내가 갖고 있는 장점을 보려고 노력해 줘. 그럼 좋은 친구가 될 수 있을 테니까.

(사)한국자폐인사랑협회란?

사단법인 한국자폐인사랑협회는 2006년 12월에 세워져 자폐성 장애인 및 가족의 권익을 대표하고, 자폐에 의해 영향을 받는 지역 사회 구성원들의 삶의 질 향상 및 사회 통합을 위한 다양한 제반 활동을 통해 사랑과 나눔을 실천하고 있습니다. 자폐인과 그 가족을 위한 상담 사업, 가족 지원 및 역량 강화 사업, 가족 캠프, 휴식 지원 사업 등의 직접 서비스 지원 사업을 비롯해 권리 옹호 및 인식 개선 사업, 국내외 학술 교류와 협력 사업, 정책 토론회 등을 중심으로 하는 정책 개발 및 제도 개선 사업을 하고 있습니다. 또한 자폐와 관련된 각종 실태 조사와 관련 보고서 발간을 비롯한 다양한 교육 사업도 하고 있습니다.

앞으로도 자폐 성인과 가족들이 지역 사회에서 함께 살아갈 수 있도록 생애 주기별 맞춤 서비스 제공과 사회적 인식 개선을 위한 다양한 노력을 할 것입니다.

www.autismkorea.kr

함께하는 기관

베어베터 발달장애인이 일하는 회사
www.bearbetter.net

센터봄 발달장애인 돌봄 전문 단기 보호 시설
centerbom@hanmail.net

자폐가 뭔지 알려 줄게!

글쓴이 | 스테파니 드로리에 **옮긴이** | 김현아 **감수** | (사)한국자폐인사랑협회
펴낸이 | 곽미순 **편집** | 이은희 **디자인** | 강이경

펴낸곳 | 한울림스페셜 **편집** | 이미혜 윤도경 **디자인** | 김민서 김윤희 **마케팅** | 공태훈 **제작·관리** | 김영석
등록 | 2008년 2월 13일(제318-2008-00016호) **주소** | 서울시 영등포구 당산로54길 11 래미안당산1차A 상가
전화 | 02-2635-1400 **팩스** | 02-2635-1415 **홈페이지** | www.inbumo.com
블로그 | blog.naver.com/hanulimkids **페이스북 책놀이터** | www.facebook.com/hanulim

첫판 1쇄 펴낸날 2013년 5월 6일 **2쇄 펴낸날** 2017년 1월 31일
ISBN 978-89-93143-27-0 73860

이 도서의 국립중앙도서관 출판시도서목록(CIP)은 e-CIP홈페이지(http://www.nl.go.kr/ecip)와
국가자료공동목록시스템(http://www.nl.go.kr/kolisnet)에서 이용하실 수 있습니다.
(CIP제어번호: CIP2013002902)

*일러두기
이 책에 실린 '레오가 꼭 들려주고 싶은 열 가지 이야기'는 〈자폐 어린이가 꼭 알려 주고 싶은 열 가지〉
(엘런 노트봄 지음, 신홍민 옮김, 한울림스페셜) 책을 바탕으로 쓴 것임을 밝힙니다.
*잘못된 책은 바꿔드립니다.

어린이제품안전특별법에 의한 제품 표시   제조국 대한민국   사용연령 8세 이상